◆印は不明確な年号、ころの意味です。

文化		世界の動き	西暦
1891	幸田露伴『五重塔』		1890
1893◆	正岡子規、俳句の革新をとな		
1895	樋口一葉『たけくらべ』		
1896	黒田清輝、白馬会設立		
1897	尾崎紅葉『金色夜叉』		
	志賀潔、赤痢菌発見		
1901	国木田独歩『武蔵野』		1900
1902	木村栄、緯度変化のZ項発見	1903 ライト兄弟、飛行機を発明	
1905	夏目漱石『吾輩は猫である』		
1906	島崎藤村『破戒』		
	伊藤左千夫『野菊の墓』		
1910	石川啄木『一握の砂』	1911 清=辛亥革命	
	柳田国男『遠野物語』	1912 中華民国成立	
1911	鈴木梅太郎、オリザニンを創製	1914 第1次世界大戦	
	野口英世、梅毒菌の純粋培養に成功	（―1918）	
1917	萩原朔太郎『月に吠える』	1917 ロシア革命	
1919	有島武雄『或る女』		
		1920 国際連盟成立	1920
1921	志賀直哉『暗夜行路』	1922 ムッソリーニ、内閣を組織する	
1923	井伏鱒二『山椒魚』		
1925	ラジオ放送はじまる		
1926	川端康成『伊豆の踊子』		
1929	島崎藤村『夜明け前』	1929 世界恐慌	
1933	尾崎士郎『人生劇場』	1933 アメリカ=ニューディール政策実施	
1935	美濃部達吉『憲法撮要』発禁		
1936	堀辰雄『風立ちぬ』		
1937	山本有三『路傍の石』		
1941	高村光太郎『智恵子抄』	1939 第2次世界大戦	
1947	学校教育、6・3・3・4制になる	（―1945）	
			1950

目　次

夏目漱石	文・浜　祥子 絵・渡辺勝巳	6
野口英世	文・有吉忠行 絵・宮原　光	20

河口慧海	文 望月新三郎　絵 木村正志	34
黒田清輝	文 望月新三郎	36
正岡子規	文 望月新三郎　絵 浜岡信一	38
尾崎紅葉と 幸田露伴	文 望月新三郎　絵 木村正志	40
木村栄	文 望月新三郎　絵 木村正志	42
志賀潔	文 望月新三郎　絵 木村正志	44
国木田独歩	文 有吉忠行　　絵 岩本暁顕	46
幸徳秋水	文 有吉忠行　　絵 木村正志	48
島崎藤村	文 望月新三郎　絵 浜岡信一	50
樋口一葉	文 望月新三郎　絵 鮎川　万	52
美濃部達吉	文 望月新三郎　絵 木村正志	54
鈴木梅太郎	文 望月新三郎　絵 木村正志	56
柳田国男	文 望月新三郎　絵 浜岡信一	58
有島武郎	文 望月新三郎　絵 鮎川　万	60
読書の手びき	文 子ども文化研究所	62

せかい伝記図書館 34

夏目漱石
野口英世

夏目漱石 (なつめ そうせき)
(1867—1916)

明治に生きる知識人の姿を真剣に見つめ、いかに生きるべきかを考えた近代文学の巨匠。

● ざるのなかの赤ん坊

　倒幕運動のあらしが日本じゅうを吹きあれていた1867年(慶応3年)、夏目家に8番めの子が生まれました。
　夏目の家は、代だいつづいた名主でしたが、維新をさかいにして、ずいぶんおちぶれてしまいました。ですから赤ん坊は歓迎されず、すぐよそに里子にやられました。
　ある冬の日、新宿四谷大通りに1けんの古道具屋が夜店を出していました。売りもののがらくたといっしょにざるに入った赤ん坊がいます。
「あら、金ちゃんじゃないの！かわいそうに」
　通りかかった少女は、赤ん坊の姉だったのです。
「おじさん、ひどいわ。金ちゃんをこんなところに……」
「すみませんです。めんどうみるものがいないんで、家においておくわけにもいかず……」

「あたし、金ちゃんをつれて帰ります！」
　少女は弟をだきあげると、家につれて帰りました。久しぶりでわが家にもどってきた末っ子に、7人の兄弟は大喜びです。しかし、父の直克は、赤ん坊をつれて帰った少女をしかりました。

「せっかく、よそさまが育ててくださるというのに」
　父の夏目直克はすでに50を過ぎていました。おおぜいの家族をかかえて生活していくのはたいへんなことです。ほかに育ててくれる人があれば、ひとりでも家族の少ない方が助かります。
　この赤ん坊が、漱石、夏目金之助でした。

● ぼくはだれの子

　それからまもなくして、金之助は、塩原昌之助の養子になりました。
　新しい両親は、小さな金之助のために、当時めずらしかった洋服をこしらえ、ほしがるものは何でも買ってあたえました。けれども、金之助はけっしてしあわせな子どもではありませんでした。
　両親は毎日きまって金之助にたずねました。
「おまえの父さんはだれだい？母さんはだれだい？」
　金之助は、前にすわっている塩原夫妻を指さします。
　するとふたりは、顔を見合わせて笑い、こんどはこういうのです。
「じゃあ、おまえのほんとうの父さん、母さんはどこにいるんだい？」
　金之助は、この質問がいやでした。でも、どうすればふたりが喜ぶかを、金之助は知っていました。それで、さっきと同じように、だまってふたりを指さすのです。
（ぼくは、ここの子じゃないんだろうか。ぼくは、どこにいるのがほんとうなんだろう？）
　おさない金之助の心には、いつもそんな思いがうずまいていました。

●ひとりぼっちの金之助

　塩原夫妻が離婚をしたために、行きどころのなくなった金之助は、9歳のとき実家にひきとられました。
　夏目家の年老いた父と母を、金之助は「おじいさん、おばあさん」とよんで暮らしました。
　上のふたりの姉は、およめにいきました。兄たちとはずいぶん年がはなれていたので、金之助は、大きな家のなかでいつもひとりぼっちでした。
　寒い冬の夜、いつものように、金之助が部屋で寝ていると、耳もとでささやく声がします。

「ぼっちゃん、よくおききくださいまし」

　その声は、この家ではたらいているばあやの声でした。

「いいですか。これはだれにもいってはいけませんよ。ぼっちゃんが、おじいさん、おばあさんとよんでいる方は、実は、ぼっちゃんのほんとうのご両親ですよ」

　金之助は起きあがって、ばあやの顔を見ました。

（そうか。そうだったのか……）

　10歳の少年にとって、これはたいへんなおどろきでした。よその家と思っていたこの家が、ほんとうの自分の家だったのですから。

（よかった。あの塩原の父さん母さんが、ぼくのほんとうの父さん母さんじゃなくて）

　その塩原昌之助には、子どもがいなかったので、ながい間金之助の籍をぬくことをいやがりました。そのために、金之助は、転入した市谷小学校でも、塩原の姓を名のらなければなりませんでした。「塩原くん」と呼ばれるのが、金之助はいやでいやでなりませんでした。

● 小説家をあきらめる

　いちばん上の兄大一とは10以上も年がはなれています。大一は英語がとくいでした。そのため、職についても、父の倍以上の月給をもらうようになりました。

　金之助が大好きな漢文にばかりかじりついているのを見て、大一は英語の勉強をすすめ、毎日時間をきめて教えてくれました。

　けれども、金之助は英語が大きらいときています。兄のいっていることがさっぱりわからず、30分もするとねむくなってきます。しまいには、いつも兄はおこりだしてしまいます。

「本気をださないからだめなんだ。一体全体、おまえは将来何になるつもりなんだ」

「はい、小説家になろうと思います」

「小説家？そんなもので身をたてることは不可能だよ。

これからは英語の時代がくる。西洋の文明だって、英語がわからなければ正しく理解することはできない。だいいち大学に入るなら、英語は欠かせんぞ」
「え！英語がわからないと大学へはいけないのですか」
　金之助はなやみました。英語はいやだけれど、大学に行って勉強はしたいのです。
　ある日、兄の大一が仕事からもどってくると、玄関口で、金之助が古本屋に本を売り渡しているところでした。おびただしい数の本が、山積みにされています。
「おいおい、一体どうする気だい？」
「はい、好きな漢文の本がそばにあると、気になって英語に身がはいりませんから、みんな売ってしまうことにしました。これで心を落ちつけて英語の勉強ができます」
　大一は、弟の思いきりの良さに胸があつくなりました。

● 落第をばねにして

　強い決意のもとに、いっしょうけんめい英語の勉強をしたので、金之助は、のぞみどおり大学予備門に入ることができました。今の東京大学教養学部にあたります。
　金之助は、親しい仲間といっしょに、神田の下宿屋に住んで学校に通いました。
　受験勉強から解放された嬉しさのあまり、学校がひけ

ると、だれも勉強なんかしません。16、7歳の男の子ばかりです。何人かが集まるとすぐにすもうをとったり、ボートや水泳にむちゅうです。金之助は、器械体操がとくにすきで、クラスのだれよりもじょうずでした。

こうして1年間は、ほとんど勉強に身を入れませんでした。そのうえ、年末の試験が近づいたとき、金之助は盲腸炎にかかってしまいました。試験が受けられないので1年落第ということになります。

（天ばつだな。もう1度しっかりやりなおそう）

父の直克は、学資が1年分よけいにかかるといって怒りました。父のかげで、なにかとやさしい心づかいをし

てくれた母は3年前に亡くなりました。
　金之助は、いっさい父にめんどうをかけまいと決心して、神田の下宿を出ると、住みこみで塾の先生をすることにしました。金之助は、まじめにはたらき、まじめに勉強して、成績はぐんぐんあがり、それから卒業するまでずっと首席で通しました。

● ふたたび小説家をめざす

　英語を教えてくれた兄の大一が、1889年の3月に亡くなりました。31歳という若さです。その3か月後には、2番めの兄栄之助も27歳で死んでしまいました。ふたりとも胸の病気でした。あんなにたくさんいた夏目家の子どもたちも、いまは、金之助と3番めの兄和三郎だけになってしまいました。父も70を過ぎ、すっかり弱気になっています。金之助は父の家に帰ることにしました。
　夏目家に久しぶりに明るさがもどってきました。
　金之助の友だちが、しょっちゅうやってきたからです。
　なん人か友だちが集まると、将来の希望や、選ぶ学科のことが話題になります。
　金之助は、いろいろ考えたすえ建築科へいこうと決心していました。ところが、友だちの米山保三郎に大反対されてしまいました。

「自分だけの生活のことを考えるなんて、きみらしくないよ。人間の生活なんてちっぽけなものだ。いまの日本でりっぱな建築を残すなんて無理だよ。きみはとくいな文学を選ぶべきだ。いい文学作品なら、ずっと人びとの心に生きつづけるじゃないか」

　金之助は、米山のことばにうたれました。ほんとうはなによりも文学のすきな金之助です。少年のころから小説家になりたいと思っていたほどです。でも、兄の大一に「そんなことで身をたてることはできない」といわれすっかりあきらめていたのです。

「米山くん、ほんとうは、ぼくも文学をやりたいと思っ

ていたんだ。ありがとう、なんだか勇気が出てきたよ」

こうして、小説家になる決心をした金之助は、英文科に進みイギリスやアメリカの文学の勉強をはじめました。

米山の助言がなかったら、小説家夏目漱石は生まれなかったかも知れません。

●千万人にひとり

米山保三郎のほかにもうひとり、金之助にとってかけがえのない友人は正岡常規です。正岡は、のちに子規という名前で和歌や俳句をつくり『ホトトギス』というグループの中心になって活躍した人です。

金之助は、あるとき授業をさぼって寄席に落語を聞きに行きました。子どものころから、落語や講談を聞くのが大好きだったのです。そこで、ばったり会ったのが同級生の正岡でした。

「やあ、正岡くんも教室をぬけ出してきていたのですか」
「授業よりここの方がよっぽど楽しいからね」

ふたりは、この日から、急になかよくなりました。

正岡は、手づくりの『七艸集』という本を貸してくれました。詩や論文などが書いてありました。

「すばらしい文章だ」

正岡子規の本は、金之助のなかでねむっていた何かを

目覚めさせ、しげきしました。

　その年の夏、千葉に旅行した金之助は、旅の感想を詩や漢文にして1さつの本にまとめました。子規のまねをして、漱石という名をペンネームにしました。漱石というのは、中国のことばで「へそまがり」とか「がんこ」とかいう意味です。

　その本を読んで、こんどは正岡子規がびっくりしました。さっそく、感想の手紙を金之助に送っています。
「英語のできるものは漢文ができないし、漢文にすぐれているものは英語ができない。両方とも、ぬきんでてすぐれている漱石のようなものは千万人にひとりだ」

● ほとばしり出た名作の数かず

　東大を卒業した金之助は、東京高等師範学校に就職しますが、2年たらずでそこをやめ、遠い愛媛県の松山中学校の先生として赴任します。正義感の強い青年教師が、教頭たちをやっつけるユーモアあふれる小説『坊っちゃん』の舞台となった所です。

　そのご、熊本におもむき、高校の先生になり、中根鏡子と結婚します。まだ、地方の一高校教師にすぎず、小説家としての一歩を踏み出すのは、2年間の英国留学を経験したのちです。文部省の命令でイギリスに渡り、英文学の研究をつづけるうちに、金之助は、日本人が英語を学ぶことの限界をいたいほど知らされました。

「日本人として、日本の小説を書くんだ」

　そう決心して帰国した金之助には、英文学の講師という仕事が待っていました。妻や子を養っていくためにはしかたがありません。みんながうらやむ「大学の先生」が金之助はすきではありませんでした。

　ですから、雑誌『ホトトギス』に発表した、『吾輩は猫である』という、人間や社会を猫の目から見て批評したゆかいな作品が評判になると、金之助は、たいへん喜びました。小説家としてやっていける自信を得たからで

す。さっそく、大学をやめて朝日新聞社に入り新聞に次つぎと小説を発表していきます。小説家としての出発はたいへん遅かったのですが、スタートを切ってからというもの、『坊っちゃん』『虞美人草』『三四郎』『こころ』などの名作を、あいついで生み出しました。

夏目漱石の名は、ものすごい勢いで日本じゅうに広まっていきました。金之助のまわりには、東大出身の若い作家を中心に、森田草平、内田百閒、鈴木三重吉、寺田寅彦、芥川龍之介などが集まってきて弟子になりました。1916年(大正5年)に金之助は亡くなりましたが、数かずの作品は、漱石の名とともに生きつづけています。

野口英世
（1876—1928）

左手のやけどの悲しみから立ちあがり、アメリカへ渡つて世界に名を残した細菌学者。

●「てんぼう」の清作

　野口英世は、初めの名を清作といいました。
　清作は、いまからおよそ100年まえに、福島県の翁島村（いまの猪苗代町）で生まれました。明治維新によって武士中心の世が終わり、藩のかわりに府や県が置かれてまもなくのことです。
　清作の家は、たいへん貧乏でした。父の佐代助は、酒ばかりのんで仕事をしません。清作の姉のイヌ、弟の清三をあわせて3人の子どもをかかえ、家族が生きていくためにはたらいたのは、母のシカでした。
　シカは、村の男たちがおどろくほどの、はたらきものでした。自分の家の畑仕事だけではありません。よその家の仕事もてつだい、さらに夜、猪苗代湖で魚をとって、朝、町へ売りに行きました。1日じゅう仕事に追われ、

子どものめんどうをみる時間のないのが悲しいことでしたが、生活のためには、しかたがありませんでした。

ところが、清作が1歳をすぎてまもなく、たいへんなことが起こりました。シカが裏の畑へでたすきに、家に残されていた清作が、いろりに落ちてしまったのです。

子どもの泣きさけぶ声を聞いて、とんで帰ってきたシカは、気もくるわんばかりに清作をだきあげました。しかし、火のなかにつっこんでいた清作の左手は、もうすっかり、焼けただれていました。

近くに医者はいません。たとえ医者がいても、家には医者にかかれるようなお金もありません。シカは、近所

の人がもってきてくれた薬を、ぬってやっただけで、赤くふくれあがった清作の手を、ほうたいでしばってしまいました。

やがて清作は、村の子どもたちから「てんぼう、てんぼう」と、からかわれるようになりました。5本の指がくっついてしまった左手が、まるで、棒のようになってしまったからです。

7歳で村の小学校へ入ってからも、みんなに、ばかにされました。くやしさと悲しさで、清作の目になみだがあふれない日はありません。しばらくすると清作は、学校を休むようになってしまいました。

このとき、清作をはげましつづけてくれたのは、母のシカでした。母は、人に負けることがきらいでしたが、心のなかには「清作をてんぼうにしたのは、わたしだ。わたしの力で、清作を人に笑われない人間にしてやらなければ」という思いがあったのかもしれません。

「清作、人に笑われたくらいで、くじけてはだめです。しっかり勉強して、いまばかにしている人たちを、学問の力で、見かえしてやったらいいではありませんか。母さんも、清作のためになら、どんなことでもしますよ」

清作は、母にこういわれると、休まずに、学校へ行き始めました。また、それまでいじょうに、はたらきつづ

ける母を見ると、力いっぱい勉強にはげみました。そして、4年生のときには、学年の代表にえらばれ、ときには先生のかわりに、1、2年生の子どもに教えるほどになりました。もちろん清作を「てんぼう」とよぶものは、もう、ひとりもいませんでした。

●ナポレオンに負けるな

　清作は、12歳で、高等小学校へ進みました。母がどんなにはたらいても家の貧しさはかわりませんでしたが、苦しさに負けずに努力をしている清作に感心した、高等小学校の小林栄という先生が、自分のお金で進学をさせ

てくれたのです。

　清作の、学問の道は、小林先生にめぐりあえたことで大きくひらかれました。そのうえ、この高等小学校に学べたことで、もうひとつ、大きな幸せをつかむことができました。それは、もうすっかりあきらめていた「てんぼう」に、5本の指がもどったことです。
「くっついた5本の指を、ナイフで切りはなしたい」
　ある日、学校で、左手の悲しさをつづった作文を書きました。すると、その作文が先生の心を動かし、先生たちがだしあってくれたお金と、さらに、全校生徒が自分のこづかいをすこしずつもちよってくれたお金で、左手の手術をうけることができたのです。

　指の形はぶかっこうですが、まげることもできます。ものをにぎることもできます。清作は、左手を天にかざして、なみだを流しました。そして、いっぽうでは、医学の偉大さに、心をうたれました。
「そうだ、おれも、もっと勉強して医者になろう」
　清作が、決心したのは、それからまもなくのことです。すぐれた医学へのおどろきが、あこがれへかわっていったのでしょう。つぎの年に高等小学校を卒業すると、手術をしてくれた医者渡辺鼎をしたって、鼎が院長をつとめる会陽医院へ住みこみ、医学を学ぶ第一歩を、ふみだ

しました。
　15歳をすぎた清作には、それまでおおくの人びとに助けられてきたせいか、人にたよりすぎる性格がめばえてきました。また、学問ができるのをよいことにして、人を利用するくせも現われていました。しかし、ふしぎに、人をひきつけるみりょくをもっていました。いちど決めた目的には、力いっぱい立ちむかったからです。
　医者をこころざしたとはいっても、学費のことを考えると、大学の医学部などへは、とても進めません。学費も学歴もない清作は、医者の資格をとるために、自分の力で勉強をして国家試験に合格することを考えました。

「ナポレオンは、1日に3時間しか眠らなかった。ナポレオンにできたことなら、おれにだってできる」

ヨーロッパを征服したナポレオンを、尊敬するようになっていた清作は、会陽医院でも、毎夜、ねるのも惜しむようにして机にむかいました。外国の医学の本を読むために、とくに、英語とドイツ語の勉強に力を入れました。そして2年もすると、鼎のところへあそびにきた血脇守之助という東京の歯科医に「むずかしい外国の医学書を読んでいるね、感心だ。東京へきたら、わたしをたずねてきなさい」と、ほめられるほどになっていました。

勉強ばかりで人づきあいが悪い清作は、このころ、なかまからのけものにされました。でも、早く医者の資格をとるために、人のことなど気にしませんでした。

●用務員から先生に

会陽医院で4年のあいだ勉強した清作は、19歳のとき、ふるさとに別れをつげて、東京へ旅立ちました。そして安い下宿に落ちつくと、1か月ごには、早くも、医者の前期の国家試験に合格しました。

ところが、生活のほうは、またたくまにいきづまってしまいました。ふるさとをでるとき、高等小学校の小林先生や医院の渡辺院長たちにつくってもらったお金が、

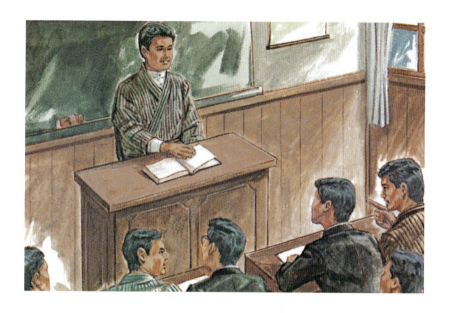

　下宿代をはらうと、底をついてしまったのです。
　困りはてた清作は、血脇先生のことを思いだして、高山歯科医学院(のちの東京歯科大学)をたずねました。そして、血脇先生のはからいで、寄宿舎の用務員のところへ住まわせてもらいました。
　やがて清作は、高山歯科医学院で、教室や便所やランプのそうじ、授業の始まりと終わりの鐘たたきなどをしながら、勉強にうちこむようになりました。夜はドイツ人のところへかよって、ドイツ語を学びました。そして、いよいよ後期の国家試験が近づくと、血脇先生にたのんで医学塾の済生学舎へ入れてもらって、受験最後のしあ

げにはげみました。

　1897年の秋、みごとに試験に合格しました。東京へでてきてわずかに1年、清作は、まだ20歳でした。

　それから、いく日もたたない日のことです。

　高山歯科医学院の教室に、新しい、若い先生が入ってきました。国家試験に合格して、医学院の講師にむかえられた清作です。

　用務員から、いっぺんに先生になった清作を見て、学生たちはおどろきました。しかも、教えかたもじょうずです。教だんに立っている清作のすがたは、学生たちに「だれだって勉強すれば、りっぱになれるのだ」という勇気をあたえました。

●苦しめられた学歴の差別

　医学院の講師になって数か月ののち、清作は、医学院をやめて順天堂病院の助手のしごとにつきました。しかし半年後には順天堂病院をしりぞき、こんどは国立の伝染病研究所に入りました。新しい夢をいだくたびに血脇先生の力にすがりついて、しごとをかえていったのです。

　伝染病研究所を希望したのは、順天堂で医学雑誌の編集をしているうちに、細菌学に興味をもつようになったからだといわれています。また、医者になってもお金が

なければ病院を開けないことや、左手がすこし不自由では、病人の診察がじゅうぶんにできないことなどを考えて、細菌学を研究する学者として生きていくことを、決心したのだろうとも伝えられています。

ところが、希望をいだいて入った伝染病研究所は、清作には、いごこちのよいところではありませんでした。

研究所の所長は細菌学者の北里柴三郎でしたが、自分が大学出身ではない清作は、なかまからつめたくあつかわれ、実験さえ、思うようにできません。

不安でたまらない清作は、自分の給料がなくなると人からお金を借りて、夜あそびをするようになりました。

清作が、名まえを英世とかえたのは、このころです。清作は、坪内逍遙が書いた『当世書生気質』という小説を読みました。すると、小説のなかで、しだいにだらくしていく野々口清作が、あまりにも自分ににています。反省した清作は、故郷の小林先生にたのんで、英世という新しい名をつけてもらったのです。

　そのご英世は、アメリカからフレクスナーという医学者が日本へやってきたときは、たいせつな通訳の役をはたしました。また、中国に伝染病が広がったときは、日本代表で、大陸へ渡りました。しかし、研究所での英世の地位が、よくなったわけではありませんでした。

「アメリカへ行って、自分の才能をのばそう」

　やがて英世は、日本をとびだすことを決心しました。このまま研究所にいては、心も才能もだめになってしまうと思えたからです。でも、英世に、アメリカへ渡るお金などあるはずがありません。英世の苦しみと希望を理解してお金を集めてくれたのは、血脇先生たちでした。

● 夢をいだいてアメリカへ

　25歳のとき、ひとりでアメリカへ渡った英世は、1年まえに通訳したとき「アメリカへきたら、わたしのところへよってください」と、ことばをかけられていたフ

レクスナーを、ペンシルバニア大学にたずねました。
　ところが、初めは、フレクスナーを困らせてしまいました。英世の現われたのが、とつぜんだったからです。でも、英世の情熱はフレクスナーを感激させ、蛇の毒の研究室に、置いてもらうことができました。
　英世は、フレクスナーが「日本人は、いったい、いつ眠るのか」とおどろくほど、研究と実験にうちこみました。そして１年もすると、有名な学者が集まった会議で、研究室の博士といっしょに発表した毒蛇研究の成果がひょうばんになり、ヒデヨ・ノグチの名が、アメリカの新聞をかざりました。世界の野口英世へのスタートです。

まもなく英世は、ペンシルバニア大学の正式の助手になり、血清学という、人間のからだに毒が入ったときの薬の研究を始めました。また、26歳のときには、デンマークの首都コペンハーゲンへ留学して、およそ1年、国立血清研究所で研究を深めました。

デンマークからアメリカへもどった英世は、ニューヨークにできたロックフェラー医学研究所の、助手にえらばれました。そして、5年ごに助手から研究員になるまでのあいだに、毒蛇や血清学の本を、アメリカで次つぎに出版しました。ドイツへまねかれ、医学会議で講演をおこなって、大かっさいをあびたこともありました。

すっかり世界の学者になった英世は、35歳のとき、メーリーというアメリカの女性と結婚しました。でも、どんなに有名な学者になっても、どんなにやさしい妻がいても、研究から研究への生活は、やめませんでした。家のなかにも、細菌が入った試験管が、妻と食事をする場もないほど、いっぱいだったということです。

● たたかいつづけた51歳の生涯

世界の英世は、アメリカへ渡って15年めに、母のシカに会いたくてたまらず、日本へ帰ってきました。しかし、シカとの関西旅行や、東京での講演などを終えると、

わずか2か月で、あわただしく船に乗りました。
　ところが、これが日本との永遠の別れになりました。アメリカへもどって、熱帯地方におおい黄熱病の研究にとりくんだ英世は、自分からすすんでアフリカへ渡り、自分自身が黄熱病におかされて、51歳の生涯を閉じてしまったのです。
　野口英世の一生は、たたかいの連続でした。アメリカにいるあいだに、日本から博士号や学士院恩賜賞などが贈られましたが、いまでは、医学者としてよりも、左手のやけどの悲しみから立ちあがった強い人間として、おおくの人びとに愛され尊敬されています。

河口慧海 (1866—1945)

　仏教学者の河口慧海は、桶や樽を作る職人の子として大坂（大阪）の堺に生まれました。本名は定次郎といいました。慧海は、24歳で出家してからの名です。父に「職人の子に学問はいらぬ」と小学校を退学させられ、そのご『釈迦一代記』を読んで心をうたれた慧海は、自分もシャカのようにきびしく生きることを誓い、仏教の世界へ近づいていったといわれています。

　私塾で勉強をつづけたのち東京へでて、貧しさとたたかいながら哲学館（いまの東洋大学）に学び、卒業まえに、東京本所の五百羅漢寺の住職になりました。しかし1年ごには宗教団体に不満をいだいて、住職をしりぞいてしまいました。

「正しい経典をさがしに、チベットへ行こう」

　26歳の年、慧海は、こんな決心をしました。住職をやめたのちも、一切蔵経などを読んで修行をつづけるうちに、日本の経典にはあやまりのおおいことに気づき、チベットへ行けば正しい原典を手に入れることができるのでは……と、考えたのです。

　ところが、チベットは、鎖国のように国を閉じていた時代です。しかも平均4000メートルの高山と高原の上にある国です。「チベットは野蛮人の住む国だ」と信じている人びとから、旅をあきらめるように、何度も忠告されました。でも、きびしく生きようとする慧海の心は、もう変わりません。

　1897年、31歳の慧海は、神戸から船に乗りました。しかし、そのままチベットへ入ったのではありません。途中、インドで1年、チベット語を学び、さらに、ヒマラヤ山中の村で、やはり1年、チベット仏教を学び、やっとチベット国境を越えたの

は、日本をでてから4年めでした。このとき慧海は、身なりも言葉も、すっかりチベット人になりきっていたということです。

チベット人になりすました慧海は、ラサ大学に学び、法王にも会うことができました。ところが、2年ごにはチベットを命からがら脱出しなければなりませんでした。日本人であることを見やぶられそうになったのです。慧海は、目的を十分に果さないまま、1903年に、日本へ帰ってきました。

慧海は、つぎの年、ふたたびチベットへむかい、こんどは11年ごにおおくの経典やチベット民族の資料を持ち帰って、ついに、大きな夢をなしとげました。

そのごの慧海が、79歳で亡くなるまでに、たくさんの仏教の本を著わし、正しい仏教の普及に大きな業績をのこしたことはとうぜんです。しかし、仏教学者としての功績いじょうに、勇気あるチベット探検の成功が、いまも高くたたえられています。

黒田清輝 (1866—1924)

　黒田清輝は、明治、大正時代に生きた洋画家です。1866年に薩摩藩(鹿児島)の身分の高い家に生まれ、幼くして、おじの子爵、黒田清綱の養子となると、少年時代を東京ですごしました。
　清輝は、小学生のころから、絵をかくことにすぐれていました。でも、早くから画家をめざしたのではありません。
　1887年に、21歳でフランスへ留学したときは、政治、法律を学ぶことが、大きな目的でした。
　パリの学校で学んでいたときのこと。ある日、やはり日本からきていた画家の藤雅三に、通訳をたのまれました。相手の人はパリでも名高い画家のラファエル・コランでした。すると、コランの絵に、すっかり心をうばわれてしまいました。
　清輝は、法律などの勉強のかたわら、コランのアトリエへかよって、絵を習い始めました。そして、しばらくすると、ほかの勉強はうちすてて、絵ひとすじにうちこむようになりました。少年時代にみせた絵の才能が、コランの光をうけて花開き、画家の道へ足をふみ入れていったのです。
　清輝は、およそ2年、コランのもとで学んだのち、パリのはずれのグレー村で、人物画や風景画にとりくみつづけました。そして、本を読みふける娘をえがいた『読書』が展覧会に入選すると、わずか数年で、新しい画家としてみとめられました。
　1893年、27歳で日本へ帰ってきた清輝は、日本の洋画家たちをあっとおどろかせ、たちまち、人気画家のひとりになりました。そのころの日本の洋画は、黒や茶色などをおおく使った暗い絵の時代でしたが、清輝がパリでえがいてきた絵は、どれも、日

黒田清輝画『読書』

本の画家にはとても想像できないほど、明るい色彩につつまれていたからです。帰国ごも『舞妓』『夏木立』などの作品を次つぎにえがき、青などの明るい色をおおく用いたことから、「むらさき派」とよばれて、とくに若い画家たちに広くしたわれました。

　1896年、東京美術学校（いまの東京芸術大学）に初めて洋画科ができると、いちはやく教授にむかえられました。また、同じ年に、パリ時代に知りあった画家たちを中心に白馬会をつくり、青木繁などのすぐれた画家を育てていきました。清輝の代表作のひとつとされている『湖畔』は、この白馬会の展覧会に出品して人びとの注目を集めたものです。

　そのごの清輝は、文部省美術展覧会（文展）の審査委員、帝国美術院の第2代院長などをつとめ、1924年に世を去りました。日本の洋画の発展に大きな功績を残した、58歳の生涯でした。

正岡子規（1867—1902）

柿食へば鐘が鳴るなり法隆寺

　柿を食べていると、法隆寺の鐘がゴーンと鳴ったという、それだけの句です。しかし、静かでもの悲しい秋のようすが、五・七・五の17文字で、みごとに、とらえられています。

　この俳句をよんだ正岡子規は、四国の松山に生まれ、5歳のときに父を失ってからは、母と祖父に育てられました。とくに祖父には、6歳のころから漢学（中国から伝わってきた学問）を教わり、10歳をすぎた子規は、早くも、漢字ばかりの詩をつくって、人をおどろかせるほどになっていました。

　12歳で中学へ進んでからも、自分たちの回覧雑誌に、さかんに漢詩を発表しました。ところが、まもなく、政治家をこころざすようになりました。板垣退助らがとなえていた、民主政治を求める自由民権運動に、若い心をもやしたのです。

　16歳で中学を退学して東京へでた子規は、つぎの年から大学予備門（のちの第一高等学校）に学び、23歳の年に東京帝国大学（東京大学）へ進みました。政治家への夢をすてて、俳人への道を歩み始めたのは、この青春時代です。のちの文豪夏目漱石と交わり、随筆を書き、和歌や俳諧を学ぶうちに、なかまたちと俳句をつくりあって楽しむようになりました。でも、この青春時代に、すでに、結核でたくさんの血をはいています。

　子規は、25歳で大学をしりぞき、日本新聞社へ入って俳諧の話を連載しながら、俳句革新運動を始めました。芭蕉や蕪村の句をのぞけば質が低かった江戸時代までの俳句を、もっと、文学の香りの高いものにしなければいけないと考えたからです。

子規のこの熱意は大きな反きょうをよびおこし、古い俳句にしがみついていたおおくの俳人たちの目を、さまさせました。
　1895年の3月、子規は、まえの年から始まっていた日清戦争の従軍記者として、大陸へわたりました。しかし、5月、帰りの船の上で血をはいてたおれ、そのごは、脊椎カリエスの身を病床に横たえるようになってしまいました。
　俳人子規の花が、さらに大きく開いたのは、これからです。自分の死が近いことを知った子規は、新聞に『歌よみに与ふる書』を連載して、こんどは短歌革新を説き、さらに、自分のけいけんをそのままうつす写生文を書いて文章革新もとなえ、いっぽうでは、新しい自分の句をたくさん生みだしていきました。
　痰一斗糸瓜の水も間に合はず
　これが、病床で『墨汁一滴』『病牀六尺』などの随筆を書き残して、35歳の生涯を終えた、俳人子規の最後の句でした。

尾崎紅葉 と 幸田露伴
（1867—1903）　　（1867—1947）

　尾崎紅葉と幸田露伴は、ともに、東京と名が改められる直前の江戸に生まれ、文明開化の波がうちよせる明治時代に活躍した小説家です。

　角彫師を父に成長した紅葉は、中学時代からすでに漢詩を作り、大学予備門（のちの第一高等学校）2年のときには、友人の山田美妙らと『硯友社』を結成して、わずか17歳で文学活動を始めました。また、同時に機関誌『我楽多文庫』を創刊して、小説や詩や紀行文なども書き始めました。

　21歳で、帝国大学（東京大学）へ進みました。しかし1年ごには、学生のまま読売新聞社へ入社しています。『二人比丘尼色懺悔』などの作品で、すでに小説家としてみとめられたのです。そして、明治の風俗を美しくえがいた『三人妻』や、話し言葉と書き言葉をひとつにして、親しみやすい文章でつづった『二人女房』などを新聞に連載すると、紅葉の名は、たちまち北から南まで広まりました。でも、もっとも人気を集めたのは、長編小説『多情多恨』を書いたあと、6年にわたって新聞紙上をかざり、最後は紅葉の死で未完に終わった『金色夜叉』です。

　金の力が強いか、愛情の力が強いか……。金と愛をからませて人生をえがいた『金色夜叉』は、日本じゅうをわかせ、のちに、芝居や映画でも演じられるようになりました。

　いっぽう、小説家露伴の名が世にでたのは、雑誌『都の花』に『露団々』を発表した、22歳のときです。幕府にお坊主としてつかえてきた父のもとで育った露伴は、17歳のとき、電信技手として北海道へ行ったこともありました。しかし、学校

へは満足に行けなくても、おおくの本をむさぼり読むうちに文学に心をうばわれ、小説の筆をとり始めたのです。

『露団々』につづいて、彫刻師の悲しい恋の苦悩をえがいた『風流仏』や、自分を芸術家へひきあげていく刀工の強い意志をえがいた『一口剣』などを書き、さらに『ひげ男』を読売新聞に連載すると、紅葉とともに「紅露時代だ」などとたたえられるようになりました。

露伴の最高の傑作『五重塔』を発表したのは、44歳のときです。五重塔の建立に命をかける、ふたりの大工の情熱と争いと友情が、明治文学のなかでも最高といわれるほどの名文でえがきあげられ、心をうたれない読者はいませんでした。

露伴が亡くなったのは、それから36年ごです。小説『天うつ浪』のほか、歴史に目をむけた史伝や、西鶴や芭蕉などの古典の研究にも、すぐれたものをおおく残しました。

木村　栄（1870—1943）

　地球は、北極と南極をむすぶ軸を中心にして、自転しています。しかし、その地軸は、永久不変のものではありません。長い歳月のあいだには、少しずつ動いています。木村栄は、この地軸のずれを正確に調べるために緯度を観測し、その観測結果の計算に新しい方法を発見した、天文学者です。

　石川県金沢市で生まれた栄は、漢学の塾を開いていたおじの家へ、幼いうちに養子にだされ、少年時代はきびしく育てられました。早くから学問を習い、8歳をすぎると、すでに父のかわりに、子どもたちに漢学やそろばんを教えたということです。

　19歳で上京すると、帝国大学（いまの東京大学）の星学科に入学して天文学を学び、卒業後はさらに大学院へ進んで、緯度観測や地球物理学の研究を深めていきました。

　1898年、ドイツで開かれた万国測地学協会の総会で、地軸の動きを調べるための緯度観測所を、世界各地におくことが決まり、日本の岩手県水沢にも、観測所がつくられました。その所長にむかえられたのが29歳の栄でした。

　所長のしごとについた栄は、若い人たちに「研究にかかったら、1日24時間じゅう、考えつづけるようでなければだめだ」と説きながら、おどろくほど熱心に、毎日、同じ星の位置の観測をつづけました。そして、その観測結果から緯度の変化を割りだして、ドイツの中央局へ報告するのです。

　ところが、やがて中央局から、世界各地での観測結果のなかで、栄の報告したものはおかしいと、発表されてしまいました。もし、そうだったら、栄がはずかしいだけではなく、日本の科

学の恥です。栄は、器械や観測方法や計算のしかたを調べなおしました。でも、どこにも故障もまちがいもありません。どこに原因があるのだろう……。栄は昼も夜も考えつづけました。

　そんな、ある日のことです。栄は、ふと、地球の回転の変化に疑問をいだき、それまでの緯度計算の式に、もう1つ項をふやしてみることを考えつきました。そして計算しなおしてみると、水沢でだした数値と、世界各地の観測所でだした数値が一致するではありませんか。だれも気づかなかった項の発見です。

　1902年に、これをまとめて発表した論文が、世界の天文学者をおどろかせたのはとうぜんです。栄は、たちまち世界の天文学者となり、その新しい項は木村項（Z項）と名づけられました。

　栄は、20年ごに、中央局がドイツから水沢に移されると、その局長をつとめ、1943年に73歳で亡くなりました。緯度観測につくした人として、世界の科学史に名をとどめています。

志賀 潔 (1870—1957)

　食べものや飲みものをとおして伝染し、高い熱とともに腹痛をおこして、血のまじった下痢便をするようになる赤痢。むかしは、この赤痢にかかると治療のしかたがわからず、たくさんの人が命を失いました。志賀潔は、この赤痢菌を世界で初めて発見した細菌学者です。

　潔は、明治の初めに仙台市で生まれ、少年時代は昆虫がすきで野山をかけまわりました。12歳で入学した県立宮城中学（いまの仙台一高）では、成績はとくにすぐれてはいませんでした。でも、一歩一歩、努力をしていく生徒だったということです。

　15歳のとき東京へでて大学予備門（のちの第一高等学校）に学び、やがて、東京帝国大学医科大学（いまの東京大学医学部）へ進みました。そして26歳で卒業すると、伝染病研究所へ入りました。研究所長の北里柴三郎を尊敬していたからです。

　潔が柴三郎のもとで研究を始めた、つぎの年、日本じゅうに赤痢がはやって、患者は9万人ちかくを数えるようになりました。死者が1万人、2万人とふえていきます。

「1日も早く赤痢菌を見つけて、死者をくいとめなければ……」

　潔は、患者の大便や、死亡者の腸からとりだしたものを研究室にもちこみ、顕微鏡をのぞきつづけました。そして、長さ千分の3ミリという小さな菌を発見すると、その菌を動物に注射して、実験をくり返しました。

　動物は、次つぎに病気になり、症状は赤痢患者と同じです。「まちがいない、これが腹痛や下痢をおこす赤痢菌だ」

　潔の研究成果は、1897年11月に開かれた大日本私立衛生

会総会で発表され、さらに翌年には、論文がドイツの細菌学会雑誌をかざって潔の名はまたたくまに世界に広まりました。また、赤痢菌は、志賀の名をとって「シゲラ」と名づけられました。潔に、ねばりづよく努力していく性格があったからこそ、この大発見をなしえたのかもしれません。

　そのごの潔は、ドイツに留学して世界的な細菌学者エールリヒの教えをうけ、人体に菌に対する抵抗力をもたせるための免疫学や、アフリカで流行していた睡眠病の研究に大きな成果をあげました。そして、およそ5年の留学を終えて帰国してからは、北里研究所の創立に力をつくし、さらに、慶応義塾大学の教授などをつとめて若い医学生の指導にもあたり、1957年に86歳で世を去りました。

　亡くなる13年まえには、文化勲章を受賞しています。伝染病の予防にささげた、美しい生涯でした。

国木田独歩 (1871—1908)

 自然文学の名作『武蔵野』を書いた国木田独歩は、明治時代の幕が開いてまもなく千葉県の銚子で生まれました。少年時代のおおくは、裁判所書記官だった父の転勤で、山口、広島、岩国など山陽の各地ですごしました。
 小学生のころは、いたずらっ子でした。けんかのとき爪でひっかくので「ガリ亀」という、あだ名がついていました。本名が亀吉だったからです。でも、学校の成績はよく、将来は、大臣か将軍になって、名を世に残すことを考えていました。
 17歳で東京へでて、東京専門学校（いまの早稲田大学）へ入学しました。しかし、学校を改革するストライキに参加して4年めに退学、山口へ帰って小さな塾を開きました。文学に強くひかれるようになったのは、このころです。1年のちに、弟の収二とともにふたたび東京へのぼったときには、イギリスの詩人ワーズワースの詩集を読みふけり、文学の道へ進むことをひそかに心に決めていました。
 しかし、文学を学ぶためには、まず、自分の生活をきりひらかなければなりません。独歩は、1年ほど大分県で英語の教師をつとめたのち、東京へもどって国民新聞社へ入社しました。
 独歩が新聞社へ入る1か月ほどまえに、中国との戦いが起こっていました。日清戦争です。独歩は、従軍記者として軍艦に乗り込みました。そして、弟への手紙の形で書きつづった『愛弟通信』を新聞に連載して、文の美しさで名をあげました。
 軍艦を1年でおりると、新聞記者もしりぞいて作家生活を始めました。ところが、悲しい事件が待ち受けていました。ふと

知りあった女性とはげしい恋におちいり、女性の親の反対をおしきって、やっとむすばれたと思うと、わずか半年で愛する妻に失そうされてしまったのです。愛にやぶれた独歩はうちひしがれ、内村鑑三になやみをうちあけて、アメリカへ渡ることさえ考えました。このとき独歩は25歳、鑑三は35歳でした。

そのごの独歩は、どのように歳月をへても変わらない自然を愛し、限られた歳月のなかで生きる人間のはかなさを見つめ、『源叔父』『武蔵野』『牛肉と馬鈴薯』『空知川の岸部』などのすぐれた作品を、ひとつひとつ書き残していきました。

書いても書いても原稿が売れず、出版社を起こすことや、いっそ文学者をあきらめて政治家になることを考えたこともありましたが、けっきょくは、ありのままの人間を語る自然主義文学の道を進み、1908年に36歳の若さで世を去りました。独歩は、だれにでも語りかける、心やさしい小説家でした。

幸徳秋水（1871—1911）

「資本家だけが自由で豊かな生活を楽しみ、はたらく人びとは不自由で貧しい生活に苦しむ世の中のしくみは、まちがっている。人間は、みんな平等でなければいけない」

明治時代の中ごろから、このように考える社会主義が起こりました。1871年に高知県で生まれた幸徳秋水は、この考えを、日本で初めてとなえた社会主義者のひとりです。

秋水が10歳になった年に、民主主義の政治を求めて自由民権運動を進めてきた、高知出身の板垣退助が、自由党を結成しました。秋水は、この退助を子どもながらに尊敬するようになり、しだいに、政治に心をひかれる少年に育っていきました。

16歳のとき、わずかなお金をふところに入れて、家をとびだしました。そして、いちど東京へでたのち大阪までもどり、退助とともに自由民権をとなえてきた中江兆民の書生になりました。早く父を亡くしていた秋水は、政治や漢学の教えを受けながら、兆民を父のように慕ったということです。

1898年、27歳になった秋水は、社会主義を主張する万朝報社へ入り、東京で新聞記者として活動を始めました。また、結成されたばかりの社会主義研究会にも加わり「われは社会主義者なり」と名のって、権力に矢を向けた記事を書きつづけました。

1901年には、同じ考えの人びとといっしょに、社会民主党をつくりました。日本で初めての社会主義の政党でした。しかし、このときの伊藤博文内閣の力で、その日のうちにつぶされてしまいました。秋水は、横暴な国家権力に歯ぎしりしました。でも、ぜったいにくじけませんでした。

　やがて、日本が日露戦争へ向かって歩み始めると、万朝報で勇かんに戦争反対をさけび、さらに、万朝報社の社長が国の勢いに負けて戦争さんせいをとなえると、こんどは自分たちで平民新聞を発行して、あくまでも戦争反対を訴えつづけました。

　ところが、およそ1年で、平民新聞は発行禁止を命じられたうえに、秋水はついにとらえられ、5か月のあいだ刑務所に入れられてしまいました。しかし秋水は、まだ屈せず、刑務所をでるとアメリカへ渡り、半年ごに帰国してからは、さらにするどく、すべての国家権力に反対する無政府主義をとなえるようになりました。でも、これが命とりになってしまいました。

　1910年、なかまと天皇暗殺の計画をたてていたという理由で、ふたたびとらえられ、つぎの年、絞首台に送られてしまったのです。歴史に残る大逆事件です。いまでは、このとき秋水は無実だっただろうといわれています。

島崎藤村 (1872—1943)

　島崎藤村は、明治の初めに、むかしの中山道(木曽街道)にそった長野県馬籠村に生まれました。生家は、長く、村をとりしきる庄屋や、大名がとまる本陣などをつとめてきた、歴史のある家でした。しかし、藤村が生まれたころには、消えていく古い時代とともに、家もしだいにおちぶれ始めていました。

　藤村は、9歳のときに、兄といっしょに馬籠をはなれて、東京へでました。そして、しばらく姉のもとに住んだのちは、見知らぬ実業家の家へあずけられ、気づまりな思いをしながら、少年時代をおくるようになりました。小学校の卒業が近くなったころ、ナポレオンの伝記を読んで心をうたれ、自分も政治家になる夢をいだいたということです。

　ところが、15歳で明治学院へ入学して、キリスト教や西洋の新しい思想にふれ、さらに、なかまと文学や宗教を語りあうようになってからは、政治家へのあこがれなどはすてて、人間の心を見つめる孤独な人間へとかわっていきました。やがて、小説、詩、古典を読みふけるうちに、自分の進む道は文学だと心に決めたのは、19歳のころだったといわれます。

　明治学院を卒業した藤村は、明治女学校の教師をつとめるかたわら、文芸雑誌『文学界』の創刊にくわわり、その創刊号に戯曲や詩を発表して、長い文学生活の第一歩をふみだしました。

　まず、名を高めたのは、詩人としての藤村です。女学校の教え子との悲しい恋や、文学の友、北村透谷の自殺などに苦しんだ藤村は、東北学院の教師となって仙台へのがれ、1年ごに、初めての詩集『若菜集』を世に送ったのです。そして、27歳

のときに長野県へ移り、小諸塾の教師として生活をたてながら、2年ごに『落梅集』を発表すると、日本の近代詩の誕生に灯をともした詩人として、たたえられるようになりました。

　1905年、33歳の藤村は、東京へとびだしました。詩をとおして自然や青春や人生の美しさ悲しさを見つめることから、さらに進んで、小説家として、自分や社会と強くたたかっていくことを決心したのだといわれています。このとき小諸をはなれる藤村の手には、差別される人間の苦悩をえがいた名作『破戒』の、書きかけの原稿が、しっかりにぎられていました。

　そのごの藤村は、小説家の地位をきずいた『破戒』につづいて『春』『家』『新生』『夜明け前』などを書きつづけ、人間と社会のすがたをありのままにえがく自然主義文学を、かがやかしくきずいていきました。藤村が世を去ったのは、日本が太平洋戦争に負ける2年まえです。自分にきびしい芸術家でした。

樋口一葉 (1872—1896)

名作『たけくらべ』で知られる樋口一葉は、明治の初めに、東京で生まれました。父は身分の低い役人でした。

本名を奈津といった一葉は、幼いときから、ものおぼえのよい、本のすきな少女でした。2歳のころ、兄たちが新聞を読むのをまね、6歳のころには『南総里見八犬伝』という長い歴史物語を読んで、家ぞくをおどろかせたと伝えられています。

小学校での成績は1番でした。しかし「女は、学問よりも、家事やさいほうなどを習うほうがよい」という母の考えで、卒業まえにやめさせられてしまいました。このとき一葉は、母をうらんで、死ぬほど悲しんだということです。

14歳のとき、歌人の中島歌子が開いていた萩の舎塾で学ぶことができるようになりました。一葉をかわいそうに思った父が入れてくれたのです。萩の舎にかよってくる人は、身分の高い役人や貴族の家庭の女がおおく、小学校も満足にでていない一葉は、いつも、いやな思いにたえなければなりませんでした。しかし、勝ち気な一葉は人いちばい努力をつづけ、和歌では、塾の歌の会で最高点をとるほどになりました。

ところが、塾で学び始めて3年めに、役人をやめたのち事業に失敗してしまった父が亡くなり、17歳の一葉が、母と妹を背負って、生きていかなければならなくなりました。

「小説家になろう。なんとかして貧乏からもぬけださなくては」

貧しさにおしつぶされそうな一葉が、このように決心したのは、それからまもなくです。萩の舎塾で学んでいた年上の田辺竜子が、はなやかに小説家の道へ入っていったのを見て、一葉

の心が大きく動いたのだといわれています。
　一葉は、新聞記者の半井桃水をたずねて、まず小説の書きかたから教わり、早くもつぎの年から『闇桜』などの作品を発表していきました。でも、小説だけでは、とても生活できません。
　21歳になった一葉は、母と妹をつれて下谷竜泉寺町の長屋へ移り、ささやかな雑貨商をいとなみながら、小説を書き始めました。また、この土地で、たくさんの貧しい人びと、悲しい人びとにふれ、人間のほんとうの心を見る目を育てていきました。
　しかし、一葉が、この世に生きたのは、それからわずかに3年でした。下町の子どもたちをあたたかく、美しくえがいた『たけくらべ』のほか、暗い運命にひきずられる女たちの苦しみをつづった『大つごもり』『にごりえ』『十三夜』などを書き残すと、24歳の若さで、結核におかされ、永い眠りについてしまったのです。線香花火のような、もの悲しい生涯でした。

美濃部達吉 (1873—1948)

　憲法学者の美濃部達吉は、明治時代の初めに兵庫県高砂市に生まれました。父は医者でしたが、医業だけでは生活できず、町の子どもたちに、習字や漢学を教えていました。
　達吉は、幼いころから神童とよばれるほどの才能にめぐまれ、故郷の小、中学校を終えると東京へでて、第一高等中学校予科に学んだのち東京帝国大学(東京大学)へ入学しました。
　大学では、憲法をはじめ国の法律について深く学び、将来は学者の道をこころざしました。しかし、大学を卒業すると内務省へつとめました。家の暮らしが豊かではなかったからです。
　学問をすてきれない達吉には、役人の生活はどうしてもなじめませんでした。ところが、役人になって1年ごに、夢が開けました。恩師に、大学で法政史を教える教授の候補に推せんされ、役人をやめて大学院で学ぶことになったのです。
　ふたたび研究生活に入った達吉は、助教授になった26歳の年にヨーロッパへ渡り、進んだ国の憲法や法律を学びました。そして、3年ごに帰国すると、29歳で教授にむかえられました。
　憲法学者の道を歩み始めた達吉は、次つぎに、憲法についての論文を発表し、本を著わしました。そのなかで、社会にもっとも大きな問題をなげかけたのが「天皇機関説」です。
　「国の政治は、議会を中心に、政党によっておこなわれることが正しい。国をおさめる権力をもっているのは、天皇ではなく国家でなければならない。天皇は、国家のひとつの機関である」
　達吉がとなえたのは、このようなことです。天皇をないがしろにしたのではありません。日本における天皇の流れは尊重し

ながら、自由主義、民主主義を守っていくためには、天皇が自分勝手な権力をふるうようになってはいけないと、考えたのです。
　この「天皇機関説」は、社会に民主主義の考えがあふれた大正時代には、学者にも政治家にも高くみとめられました。ところが、昭和に入って、日本が大陸への侵略を始めると、軍部に反対されるようになりました。国民を戦争にかりたてるためには、天皇の絶対的な権力が必要だったからです。
　達吉は、国会で「反逆者だ」とののしられても、けっして自分の考えをかえませんでした。しかし、軍の力には勝てません。やがて、1932年からつとめていた貴族院議員も、いくつもの大学の講師も、やめさせられてしまいました。また『日本憲法の基本主義』などの本も、発売禁止にされてしまいました。
　そのごの日本は戦争へ突っ走り、達吉は敗戦ご3年めに75歳で亡くなりました。自由主義のために戦った強い生涯でした。

鈴木梅太郎 (1874—1943)

ビタミンB_1が不足して体の先のほうの神経がおかされ、足がしびれたり、むくんだりする脚気。医学が進んだいまではなんでもない病気ですが、江戸時代にはこの脚気でおおくの死者をだし、明治に入ってもまだ、原因不明のおそろしい病気でした。

鈴木梅太郎は、ビタミンB_1が脚気の治療に効果があることをつきとめ、脚気の不安から人びとを救った化学者です。

静岡県の農家に生まれ、幼いときから勉強がすきだった梅太郎は、14歳のとき、こっそり家をでて東京へ行きました。そして、つぎの年には、両親や兄を説きふせて東京農林学校(1890年から東京帝国大学農科大学)へ進み、栄養学を学びました。

「植物は、土と空気から養分を吸うだけだ。それなのにどうして、その植物から、さとう、でんぷん、たんぱく質などが、とれるようになるのだろうか」

梅太郎が農林学校で学ぶ決心をしたのは、こんなことに興味をいだいたからだといわれています。

22歳で大学を終えた梅太郎は、5年ごにヨーロッパへ渡り、ドイツではベルリン大学の化学者フィッシャーのもとで、たんぱく質の研究をつづけました。そして、32歳で帰国すると、東京帝国大学の教授などをつとめながら、米の研究を始めました。

留学中に「西洋人にくらべて、日本人は、どうして体格が悪いのだろう」と考え、さらにドイツを去るとき、フィッシャーに「日本人なら、日本人のための研究をしてみなさい」といわれ、日本人の主食について研究することを、思いたったのです。

ところが、米の栄養について調べていくうちに、白米を食べ

る人に脚気がおおいことをつきとめました。
「玄米を食べる人には脚気は少ない。これは、白米にするときに、脚気を予防する成分を、とりのぞいてしまうからだろう」
このように考えた梅太郎は、精米のときにとりのぞく、ぬか、胚芽（芽がでるところ）の研究にとりくみ、36歳のときに、ぬかから、のちにオリザニンと名づけられた成分をとりだすことに、成功しました。
しかし、脚気は伝染病だと思われていた時代でしたから、梅太郎が「この成分の不足が脚気になるのだ」ととなえても、だれも信用しません。人びとが、梅太郎の研究に注目するようになったのは、1年ごにイギリスで、オリザニンと同じ成分の、ビタミンの研究が発表されてからのちのことでした。
55歳のときビタミンB_1の結晶化にも成功した梅太郎は、1942年に文化勲章を受け、その半年ごに69歳で亡くなりました。

柳田国男 (1875—1962)

　古くから庶民のあいだに伝え受けつがれてきた、生活のすがたや、文化や、人の心などを研究する学問を民俗学といいます。柳田国男は、この学問を、日本で初めてうちたてた人です。
　国男は、兵庫県神崎郡の田原村（いまの福崎町）で、医者の松岡操の6男として生まれました。姓が柳田になったのは、26歳のときに、柳田家へ養子に入ってからのことです。
　子どものころの国男は、なによりも本を読むことがすきでした。また、記憶力とすぐれた感覚にめぐまれ、まわりのことを深く見つめ、深く考えながら成長しました。
　12歳のときに兄をたよって上京すると、文学にしたしむようになり、やがて高等学校をへて東京帝国大学法科大学（いまの東京大学法学部）へ進んでも、さらに、25歳で大学を終えてからも、おおくの詩人や小説家との交わりをつづけました。
　大学で、農業を守り育てるための農政学を学んだ国男は、卒業ご、農商務省へ入りました。そして、役人として農村をめぐり歩くうちに深く興味をいだくようになったのが、民俗学です。
　地方によって、農村の文化や農民の生活に大きなちがいがあることや、各地に、めずらしい伝説がうずもれていることなどが、文学と農民を愛する国男の心をとらえてしまったのです。やがて、山深い村に伝わる、古い日本人の生活や心を聞き集めて『後狩詞記』『遠野物語』などを著わし、また、雑誌『郷土研究』を創刊して、民俗学研究の道をひらいていきました。
　39歳のときに貴族院書記官長という地位にまでのぼった国男は、その5年ごに、およそ20年間の役人生活をやめてしま

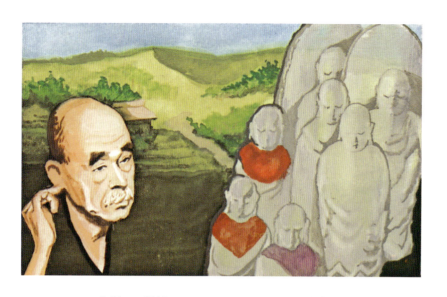

いました。自由に、学問にうちこんでいくことを考えたからです。
「日本人の、ほんとうのすがたは、どうなんだろう……」
　こんな疑問がますます深まっていく国男は、そのご、朝日新聞論説委員にむかえられたあいだも、東北地方へ足をむけては『雪国の春』を、奄美、沖縄を旅しては『海南小記』を著わし、各地に残る民俗の比較研究をつづけていきました。
　1932年には朝日新聞もしりぞき、3年ごには、全国の民俗学研究者によびかけて『民間伝承の会』をつくり、雑誌『民間伝承』を発行して、日本じゅうのむかし話を集めました。国男は、きっと、日本人の心のふるさとを、さがし求めたのでしょう。
　戦後も、民俗学研究所を設立して、やはりこの道ひとすじに生きた国男は、76歳のとき文化勲章を受け、1962年に87歳の長い生涯を終えました。晩年には、これからの日本の子どものことも考えつづけた、心のやさしい学者でした。

有島武郎(ありしまたけお) (1878—1923)

　絵のぐをぬすんだ生徒と、その生徒をやさしくいましめる先生との、あたたかい心のふれあいをえがいた『一房の葡萄』。この物語の作者、有島武郎は、大蔵省につとめる身分の高い役人の長男として、東京で生まれました。

　少年時代の武郎は、若いときは薩摩藩(鹿児島)の武士だった父から、きびしく育てられました。しかし、いっぽうでは、早くから外国人の家へ英語を習いに行かされ、また、小学4年生からは学習院へかよわされて、まるで王子のように、たいせつにされました。性格のおとなしい武郎は、父にはぜったいに、さからわなかったということです。

　学習院中等科を終えた武郎は、おくれている日本の農業の発展に力をつくすことを考えて、札幌農学校(いまの北海道大学)へ進みました。そして、キリスト教の自由な教育を受けるうちに、自分もキリスト教を信仰するようになりました。武郎が、人間の心のなかの神と悪魔について深く考えるようになったのは、このころからです。

　農学校を卒業すると、1年ほど軍隊へ入ったのちにアメリカへ渡って歴史や経済を学び、おおくの外国文学にもふれて3年ごに帰国したときは、キリスト教への信仰を失い、人間の平等な幸福を求める社会主義に心をよせるようになっていました。キリスト教を信仰するアメリカ人が、じっさいの生活では、不平等な資本主義のなかで生きているのを見ているうちに、考えがかわってしまったのです。

　武郎は、29歳で東北帝国大学(いまの東北大学)の英語の

 教師になり、3年ごに文芸雑誌『白樺』が創刊されると同人にくわわって小説を書き始めました。そして、37歳で大学をしりぞいたつぎの年に、父と、7年まえに結婚していた愛する妻を亡くしてからは、自分の心と闘うようにして、文学ひとすじにうちこむようになりました。

 きびしい自然、つめたい社会、苦しい生活に立ちむかう人間をえがいた『カインの末裔』『生まれ出づる悩み』。新しい自由社会に生きようとする女の業を見つめた『或る女』。愛を求める人間の本能について考えた『惜しみなく愛は奪う』。

 武郎は、自己を完成させるために芸術に生き、自分の悩みを、小説、評論、童話に問いかけていきました。しかし、やがて45歳の武郎にまっていたものは、婦人記者を道づれにした自殺でした。芸術家としての自分の力の限界を知り、心の悪魔に負けて、死をえらんだのです。やさしく、はげしい生涯でした。

「読書の手びき」

夏目漱石

明治時代の教養人の世界を猫の目から風刺した『吾輩は猫である』。正義感の強い江戸っ子教師を主人公にして、凡人社会の勧善懲悪をユーモラスにえがいた『坊っちゃん』。親友を裏切った罪悪感をとおして明治知識人の内面に目をすえた『こころ』。理性と自然心情の対立のなかで人間存在の根源を問うた『それから』。若い夫婦の不安な精神生活をえがきながら、人間のエゴイズムを追究しようとした『明暗』。このほか、『草枕』『三四郎』『門』など、かずかずの名作を残した夏目漱石は、日本人が最も愛する大作家のひとりです。漱石は、倫理感の強い、たいへんまじめな芸術家でした。つねに、自己批判をしながら、人間の生きるべき道を考え続けました。とくに、明治に入ってから近代教養人とよばれるようになった人びとの、内面に巣くっている利己主義を分析し、あばこうとしました。と同時に、まやかしの文明人で支えられた社会の矛盾をも追究しようとしました。いわば、漱石は、近代人の心に光をあてて、日本人という人間の心の深淵をのぞこうとしたのです。漱石の作品が長く広く読まれ続ける秘密は、ここにあります。「人間らしく生きようとするなら、まず漱石の文学を読め」と言った文芸評論家もいるほどです。もともと英文学者だった漱石の文章は洒脱で美しく、だれにでも親しめるものがあり、ここにも漱石文学が若い人びとに愛されるゆえんがあります。門下から芥川龍之介ら多くの作家を輩出したことも、作家漱石の大きさを物語っています。

野口英世

野口英世は「幼いときからの不幸とたたかって世界の医学につくした」として、戦前、戦後を通じて多くの日本人に尊敬されてきました。とくに子どもたちには、日本の代表的な偉人として、あがめられてきました。ところ